방과 후 놀이영어 수업을 위한 교재

미순쌤의
초등 1~2학년 영어 4

미순쌤의
초등 1~2학년
영어 4

펴 낸 날 2022년 11월 11일

지 은 이   이미순
펴 낸 이   이기성
편집팀장   이윤숙
기획편집   서해주, 윤가영, 이지희
표지디자인 서해주
책임마케팅 강보현, 김성욱
펴 낸 곳   도서출판 생각나눔
출판등록   제 2018-000288호
주   소   서울 잔다리로7안길 22, 태성빌딩 3층
전   화   02-325-5100
팩   스   02-325-5101
홈페이지   www.생각나눔.kr
이 메 일   bookmain@think-book.com

• 책값은 표지 뒷면에 표기되어 있습니다.
  ISBN 979-11-7048-462-2 (63740)

방과 후 놀이영어 수업을 위한 교재

미순쌤의
초등 1~2학년
영어 4

생각나눔

누구든 영어를 잘하고 싶은 사람은 생활 속에 자신의 관심 분야를 놀이 영어로 습관처럼 반복하는 것이 그 비결이다. 마치 악보는 읽지 못해도 노래의 멜로디는 잘 부르는 것과 같다. 그런 의미에서 미순쌤의 본 교재는 영어를 쉽고 재밌게 배우고자 하는 어린이들에게는 매우 유용한 책으로 적극 추천한다.

– 삼육대학교 음악학과 교수 김철호

저자 이미순 선생을 알고 지낸 지 10여 년쯤 된 것 같다. 언제나 활기 있으시고 에너지 넘쳐서 주위 사람들을 기분 좋게 해주는 능력을 가지신 분이다. 이번에 초등학생을 위한 방과 후 교재를 보니 이 선생의 열정이 들여다보인다. 적절한 삽화와 사진, 실용적이고 아이들 눈높이에 맞춘 단어 선택들, 새로운 언어의 접근이 흥미와 반복 학습으로 이루어진다고 보면 이번 책은 아주 적절한 교재라고 추천하고 싶다.

– 서울연합내과 원장 김기찬

이 책은 제 업무 영어에 많은 도움을 주신 미순쌤의 초등학교 저학년을 위한 교재입니다. 처음 영어를 접하는 친구들이 어떻게 접근하면 좋을지, 영어가 마냥 어렵다고만 알고 있는 친구들에게 도움이 많이 될 것입니다. 일상생활에서 도움이 되는 주제별 단어 정리, 컬러링과 게임을 통해 즐겁고 재미있게 영어를 접할 수 있습니다. 부디 친구들이 이 책을 통해서 영어를 공부가 아닌 일상생활에서 사용하는 하나의 언어로 생각할 수 있으면 좋겠습니다.

– 외국계 회사 근무 정연미

이 책에는 저자가 오랜 기간 교육 현장에서 얻은 경험과 노하우가 책 속에 그대로 녹아 있다. 저자는 초등 1~2학년들에게 어렵고 지루할 수 있는 영어를 그림 그리기나 게임 등을 통해 재밌고 친숙하게 만들어 주고 있다. 이 책 하나면 영어를 재밌게 공부하기에 충분할 것 같다.

– CMS 랭귀지센터 유준

영어에 이제 막 첫발을 내딛는 초등학교 학생들에게 좋은 교재가 될 것입니다. 처음 영어를 어떻게 배우고, 인식하는지가 중요한데 아이들이 영어에 쉽게 다가가고, 흥미를 느낄 수 있도록 구성되어 있는 교재입니다.

– 서울대 재학 주종림

이 미 순 *Misoon Lee*

미국 Andrews University 졸업(석사)

홍연초, 녹천초, 경수초, 신남초, 구산초, 북성초, 개웅초, 경일초,
신정초, 방화초, 대청초, 청덕초 그 외 다수 방과 후 영어 강사

본 저자는 1995년에 한 초등학교에서 특기 적성 영어 강사로 강의를
시작한 이래로 다수의 초등학교와 중학교 그리고 고등학교에서 방과 후 영
어 강사로 근무하였으며 현재도 활발하게 활동하는 중이다.

ABC

ALPHABET 대문자 및 소문자

자음: Consonant 모음: Vowel

A	–	a	N	–	n
B	–	b	O	–	o
C	–	c	P	–	p
D	–	d	Q	–	q
E	–	e	R	–	r
F	–	f	S	–	s
G	–	g	T	–	t
H	–	h	U	–	u
I	–	i	V	–	v
J	–	j	W	–	w
K	–	k	X	–	x
L	–	l	Y	–	y
M	–	m	Z	–	z

PREFACE

초등학교 1~2학년 영어가 부활하고 놀이 영어 방식과 음성 언어로 가르쳐야 한다는 교육청 지침이 나옴에 따라 기존 영어 강사들의 수업 운영 방식에 많은 변화가 생겼다. 그동안 놀이 영어 중심의 초등학교 1~2학년 방과후 영어 교재로 마땅한 교재가 없어서 오랜 고민 끝에 이 책을 집필하게 되었다. 1995년에 특기 적성 영어 강사로 한 초등학교에서 강의를 한 이래로 수많은 경험과 노하우를 쌓으며 학생들을 가르쳐 왔고, 미국에서 석사 학위를 위해 유학할 때 만난 수많은 외국 친구들에게 배운 미국의 문화와 언어가 내게 많은 도움이 되었다.

이 책은 알파벳 순서에 따라 1장 A에서 26장 Z에 이르기까지 다양한 내용을 담고 있다. 파닉스, 영어 단어, 영어 게임, 영어 회화 등을 알기 쉽게 설명하였고, 각 Chapter에 나오는 연관성 있는 것들로 색칠함으로써 다시 한 번 복습할 수 있도록 하였다. 또한, 미순쌤의 기초 영어 회화를 통하여 배운 내용을 문장으로 말하는 연습을 하도록 하였다.

이 책으로 공부하는 모든 초등학교 1~2학년 학생들이 영어에 더욱 흥미와 관심을 갖고 열심히 공부함으로써 많은 발전이 있기를 소망하며 지도하시는 영어 선생님들께도 좋은 결과가 있기를 소망합니다.

이 미 순 *Misoon Lee*

이 책의 활용법

　많은 초등학교 방과 후 수업은 3개월 단위로 수업이 진행되므로 일주일에 두 번 수업할 때 총 12주로 24번 수업을 하게 됩니다. 이 책은 총 26장으로 알파벳 순서로 기록되어 있는데, 19장 Christmas Songs와 23장 Children's Games를 제외하고 수업마다 한 Chapter씩 수업을 하시면 됩니다. 19장은 크리스마스 캐럴로 이루어져 있고 23장은 게임에 관해 설명했습니다. 부록에는 영어 노래와 동물 퀴즈, 다양한 색깔과 유명하고 인기 있는 영어 동화 제목 및 미국의 문화를 알기 쉽게 정리해서 수록했습니다. 매 수업에 적절히 영어 노래와 영어 게임을 활용하시면 됩니다. Chapter마다 POWERPOINT를 사용하여 시각적 효과를 극대화하고, 또한 다양한 카드와 교구를 사용하셔서 수업에 생동감과 흥미를 주시기 바랍니다.

CONTENTS

A & Animals 1

Phonics A(A는 여러 다른 발음이 난다.)

A [æ]	Ir**a**n	p**a**lace	a가 '애' 발음이 난다.
A [ɑ:]	Ir**a**q	f**a**rt	a가 '아~' 발음이 난다.
A [ə]	pelic**a**n	orph**a**n	a가 '어' 발음이 난다.
A [ə]	**a**nemia	sof**a**	a가 '어' 발음이 난다.
A [ei]	r**a**ven	**a**gency	a가 '에이' 발음이 난다.
A [ɔ:]	h**a**ll	t**a**lk	a가 '오~' 발음이 난다.
A [ɔ:]	w**a**ter	y**a**wn	a가 '오~' 발음이 난다.
A [ɛə]	h**a**re	c**a**reful	a가 '에어' 발음이 난다.
A [i]	bever**a**ge	neckl**a**ce	a가 '이' 발음이 난다.
A [ɑ]	w**a**ffle	sw**a**llow	a가 '아' 발음이 난다.
A [ɑ]	w**a**sp	w**a**llet	a가 '아' 발음이 난다.
A [ɔ]	cr**a**wfish	w**a**termelon	a가 '오' 발음이 난다.

Animals 1

1	**Anaconda**	아나콘다		13	**Gazelle**	가 젤
2	**Armadillo**	아르마딜로		14	**Gibbon**	긴 팔 원숭이
3	**Baboon**	개코 원숭이, 비비		15	**Goldfish**	금붕어
4	**Badger**	오소리		16	**Krill**	크릴 새우, 크릴
5	**Bison**	들소, 바이손		17	**Marmot**	마 멋
6	**Carp**	잉 어		18	**Moose**	무스, 말코 손바닥사슴
7	**Catfish**	메 기		19	**Rattlesnake**	방울뱀
8	**Chimpanzee**	침팬지		20	**Reindeer**	순 록
9	**Chipmunk**	줄무늬 다람쥐		21	**Rooster**	수 탉
10	**Crawfish**	가재, 민물 가재		22	**Salmon**	연 어
11	**Earwig**	집게벌레		23	**Trout**	송 어
12	**Flying fish**	날 치		24	**Tuna**	참치, 다랑어

미순 쌤의
기초 영어 회화

A: What's your favorite fish?

B: It's a salmon.

B & Move

Phonics B(B는 'ㅂ' 발음이 난다.)

B [b]	**b**asketball	**b**alloon
B [b]	**b**ackache	**b**attery
B [b]	**b**elly	**b**ronze
B [b]	**b**iology	**b**louse
B [b]	**b**read	**b**utterfly
B [b]	**b**us	**b**ison
B [b]	**b**acon	**b**races
B [b]	**b**lender	**b**athroom
B [b]	cu**b**e	ze**b**ra
B [b]	Fe**b**ruary	ta**b**le
B [b]	gra**b**	so**b**
B [b]	ru**b**	cra**b**

Move

1	Bend	구부리다	13	Slap	때리다
2	Clap	손뼉치다	14	Squat	웅크리고 앉다, 스쿼트
3	Dance	춤추다	15	Stand up	일어서다
4	Freeze	멈추다, 갑자기 멈추다	16	Stomp	발을 구르다
5	Hop	(깡충) 뛰다	17	Swing	흔들다
6	Jump	뛰다, 뛰어넘다	18	Tap	가볍게 두드리다
7	Point	가리키다	19	Thumbs down	엄지 손가락들을 내리다
8	Put your hand down	손을 내리다	20	Thumbs up	엄지 손가락들을 올리다
9	Raise your hand	손을 들다	21	Touch	만지다
10	Rub	문지르다, 쓰다듬다	22	Turn around	돌아서다, 회전하다
11	Shake	흔들다	23	Wave	흔들다
12	Sit down	앉 다	24	Wriggle	꿈틀거리다

미순 쌤의
기초 영어 회화

A: If you know the answer of this question, raise your hand.

B: Yes, sir.

C & Places

Phonics C(C는 여러 다른 발음이 난다.)

C [k]	<u>c</u>ountryside	<u>c</u>lerk	c가 'ㅋ' 발음이 난다.
C [k]	<u>c</u>olor	<u>c</u>osmos	c가 'ㅋ' 발음이 난다.
C [k]	<u>c</u>omputer	<u>c</u>arsickness	c가 'ㅋ' 발음이 난다.
C [k]	<u>c</u>owboy	<u>c</u>ozy	c가 'ㅋ' 발음이 난다.
C [k]	<u>c</u>omet	<u>c</u>ool	c가 'ㅋ' 발음이 난다.
C [k]	glu<u>c</u>ose	pan<u>c</u>ake	c가 'ㅋ' 발음이 난다.
C [s]	<u>c</u>yan	allowan<u>c</u>e	c가 'ㅅ' 발음이 난다.
C [s]	jui<u>c</u>e	can<u>c</u>er	c가 'ㅅ' 발음이 난다.
C [s]	pea<u>c</u>e	ni<u>c</u>e	c가 'ㅅ' 발음이 난다.
C [ʃ]	techni<u>c</u>ian	patri<u>c</u>ian	c가 '쉬' 발음이 난다.
C [tʃ] CH [tʃ]	<u>c</u>ello	<u>ch</u>at	c와 ch가 '취' 발음이 난다.
CH [tʃ]	<u>ch</u>ore	<u>ch</u>eese	ch가 '취' 발음이 난다.

Places

1	Amusement Park	놀이 동산	13	Health Center	보건소, 의료 센터
2	Animal Clinic	동물 병원	14	Market	시장, 마켓
3	Antique Shop	골동품 가게, 골동품점	15	National Park	국립 공원
4	Aquarium	수족관	16	Photo Studio	사진관
5	Bookstore	서 점	17	Police Box	파출소
6	Bus Stop	버스 정류장	18	Publishing House	출판사
7	Customs	세 관	19	Real Estate Agency	부동산 중개소
8	Department Store	백화점	20	Subway Station	전철역
9	Drugstore	약 국	21	Tax Office	세무서
10	Duty-free Shop	면세점	22	Telephone Booth	공중전화 박스
11	Embassy	대사관	23	Train Station	기차역
12	Grocery Shop	식료품점	24	University	대학교

미순 쌤의
기초 영어 회화

A: Would you tell me where the nearest bus stop is?

B: Sure. Go straight two blocks and turn right.

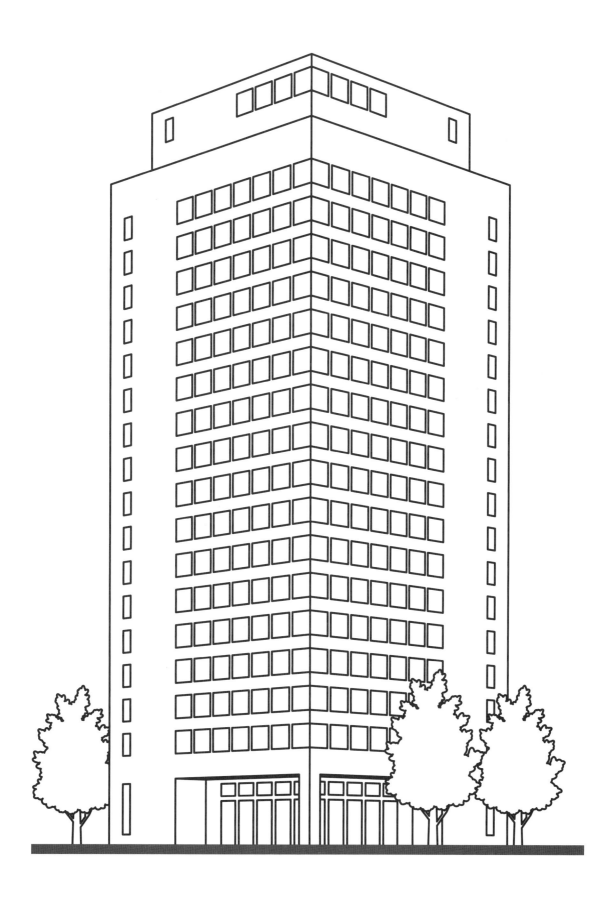

D & Jobs

Phonics D(D는 'ㄷ' 발음이 난다.)

D [d]	**d**rugstore	**d**rink
D [d]	**d**ryer	**d**estination
D [d]	**d**etective	**d**elete
D [d]	**d**onation	**d**ynasty
D [d]	rein**d**eer	wis**d**om
D [d]	e**d**itor	in**d**igo
D [d]	Swe**d**en	noo**d**le
D [d]	can**d**y	win**d**mill
D [d]	foo**d**	lizar**d**
D [d]	bal**d**	gol**d**
D [d]	stewar**d**	han**d**
D [d]	bir**d**	excite**d**

Jobs

1	Bank Teller	은행 창구 직원	13	Janitor	청소부, 관리인
2	Bricklayer	벽돌공	14	Lawmaker	국회의원
3	Clergy	성직자들	15	Miner	광 부
4	Clerk	직원, 점원	16	Painter	화 가
5	Coach	코치, 감독	17	Pharmacist	약 사
6	Composer	작곡가	18	Politician	정치가
7	Conductor	지휘자	19	Public Official	공무원, 공직자
8	Curator	큐레이터, 전시기획자	20	Real Estate Agent	부동산 중개인
9	Dancer	댄서, 무용가	21	Security Guard	경호원, 경비원
10	Designer	디자이너	22	Shepherd	양치기, 목자
11	Detective	탐정, 형사	23	Shopkeeper	가게 주인, 소매 상인
12	Editor	편집자	24	Tailor	재단사

미순 쌤의
기초 영어 회화

A: What do you do?

B: I'm a coach.

24

E & Food

Phonics E(E는 여러 다른 발음이 난다.)

E [e]	**red**	**bend**	e가 '에' 발음이 난다.
E [e]	**embassy**	**trendy**	e가 '에' 발음이 난다.
E [iə]	**hero**	**zero**	e가 '이어' 발음이 난다.
E [i:]	**vegan**	**recycle**	e가 '이~' 발음이 난다.
E [i:]	**anemia**	**athlete**	e가 '이~' 발음이 난다.
E [i]	**England**	**exam**	e가 '이' 발음이 난다.
E [i]	**planet**	**refund**	e가 '이' 발음이 난다.
E [ə]	**television**	**mineral**	e가 '어' 발음이 난다.
E [ə]	**satellite**	**allergy**	e가 '어' 발음이 난다.
E [ə]	**paper**	**secretary**	e가 '어' 발음이 난다.
E [ə:]	**Mercury**	**perfect**	e가 '어~' 발음이 난다.
E [ə:]	**merchant**	**service**	e가 '어~' 발음이 난다.

Food

1	**Bacon**	베이컨	13	**Muffin**	머 핀
2	**Biscuit**	비스킷	14	**Omelette**	오믈렛
3	**Burrito**	부리토, 브리또	15	**Pancake**	팬케이크
4	**Cheese**	치 즈	16	**Pasta**	파스타
5	**French Fries**	감자 튀김	17	**Porridge**	죽
6	**Ham**	햄	18	**Pretzel**	프레첼
7	**Hamburger**	햄버거	19	**Pudding**	푸 딩
8	**Hot Dog**	핫도그	20	**Samgyetang**	삼계탕
9	**Japchae**	잡 채	21	**Sandwich**	샌드위치
10	**Jjajangmyeon**	짜장면	22	**Sausage**	소시지
11	**Kebab**	케밥, 산적의 일종	23	**Seafood**	해산물
12	**Kimchi**	김 치	24	**Tteokbokki**	떡볶이

미순 쌤의
기초 영어 회화

A: What's your favorite food?

B: It's Japchae.

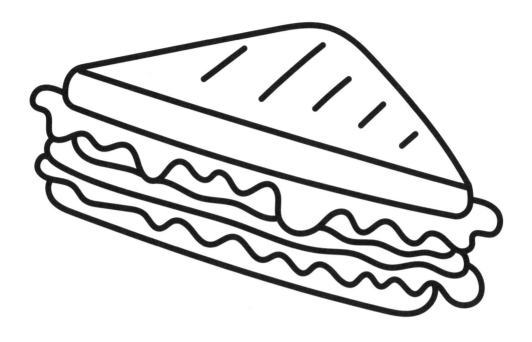

F & Verb 1

Phonics F(F는 'ㅍ' 발음이 난다.)

F [f]	**French**	**fatigue**
F [f]	**Filipino**	**fever**
F [f]	**freedom**	**fat**
F [f]	**fiber**	**flu**
F [f]	**festival**	**fly**
F [f]	**fridge**	**food**
F [f]	**field**	**funny**
F [f]	**freeze**	**full**
F [f]	**feel**	**free**
F [f]	**colorful**	**refund**
F [f]	**comfy**	**leftover**
F [f]	**calf**	**chef**

Verb 1

1	Answer	대답하다	13	Lock	잠그다
2	Ask	묻다, 부탁하다	14	Look	보 다
3	Block	막다, 차단하다	15	Move	이동하다, 움직이다
4	Clean	청소하다	16	Play	게임하다, 연주하다
5	Delete	지우다, 삭제하다	17	Scream	비명을 지르다
6	Drink	마시다	18	Shift	옮기다, 바꾸다
7	Enter	들어가다, 입력하다	19	Shout	소리치다, 외치다
8	Fly	날 다	20	Sob	흐느끼다, 훌쩍거리다
9	Grab	붙잡다	21	Stop	멈추다, 중단하다
10	Have	가지다, 먹다	22	Taste	맛을 보다, 맛이 나다
11	Insert	삽입하다, 끼워 넣다	23	Wash	씻 다
12	Listen	듣 다	24	Weep	울다, 눈물을 흘리다

미순 쌤의
기초 영어 회화

A: Can you answer this question?

B: No, I can't.

◆ **Which of the following is a rational number?** ◆

A. $\sqrt{2}$

B. $\sqrt{\pi}$

C. $\sqrt{7}$

D. $\sqrt{\dfrac{5}{25}}$

E. $\sqrt{\dfrac{64}{49}}$

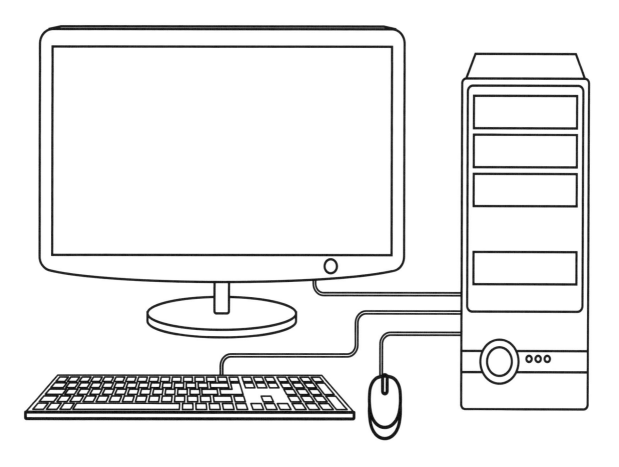

G & Appliances

Phonics G(G는 'ㄱ, 쥐' 발음이 난다.)

G [g]	**g**overnment	**g**ray	g가 'ㄱ' 발음이 난다.
G [g]	**g**azelle	**g**ossip	g가 'ㄱ' 발음이 난다.
G [g]	**g**uard	**g**ibbon	g가 'ㄱ' 발음이 난다.
G [g]	**g**lass	**g**loomy	g가 'ㄱ' 발음이 난다.
G [g]	En**g**lish	ve**g**an	g가 'ㄱ' 발음이 난다.
G [g]	poly**g**on	earwi**g**	g가 'ㄱ' 발음이 난다.
G [dʒ]	**g**enius	**g**entle	g가 '쥐' 발음이 난다.
G [dʒ]	E**g**ypt	ve**g**etarian	g가 '쥐' 발음이 난다.
G [dʒ]	gor**g**eous	an**g**el	g가 '쥐' 발음이 난다.
G [dʒ]	bad**g**er	di**g**estion	g가 '쥐' 발음이 난다.
G [dʒ]	lar**g**e	hu**g**e	g가 '쥐' 발음이 난다.
G [dʒ]	sausa**g**e	garba**g**e	g가 '쥐' 발음이 난다.

Appliances

1	Air Cleaner	공기 청정기	13	Humidifier	가습기
2	Air Conditioner	에어컨	14	Induction Range	인덕션
3	Blender	믹서기, 블렌더	15	Iron	다리미
4	Computer	컴퓨터	16	Laptop	노트북
5	Dishwasher	식기 세척기	17	Microwave	전자레인지
6	Dryer	건조기	18	Printer	프린터, 인쇄기
7	Electric Rice Cooker	전기밥솥	19	Remote Control	리모컨
8	Fan	선풍기	20	Television	텔레비전
9	Fridge	냉장고	21	Toaster	토스터, 토스트기
10	Gas Stove	가스레인지	22	Vacuum Cleaner	진공 청소기
11	Hair Dryer	헤어 드라이어	23	Washing Machine	세탁기
12	Heater	히터, 난방기	24	Water Purifier	정수기

미순 쌤의
기초 영어 회화

A: Do you know where a remote control is?

B: Yes. It's on the sofa.

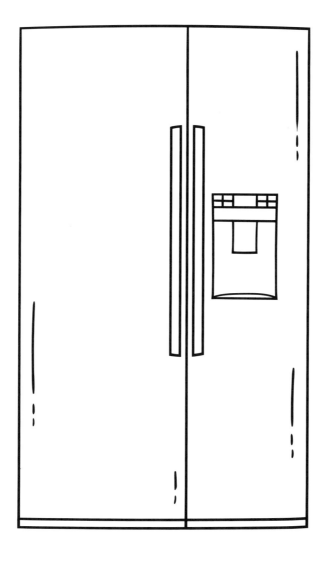

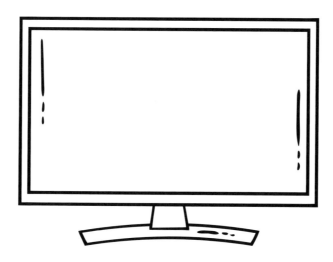

H & Adjective 1

Phonics H(H는 'ㅎ' 발음이 난다.)

H [h]	**h**istory	**h**ip
H [h]	**h**ate	**h**ear
H [h]	**h**iking	**h**obby
H [h]	**h**iccups	**h**ere
H [h]	**h**elmet	**h**urry
H [h]	**h**andsome	**h**are
H [h]	**h**ometown	**h**ut
H [h]	**h**eavy	**h**ide
H [h]	**h**amburger	**h**op
H [h]	**h**eater	**h**uge
H [h]	**h**omonym	**h**ave
H [h]	**h**am	pea**h**en

Adjective 1

1	Amazing	놀라운, 멋진	13	Jealous	질투하는, 부러워하는
2	Bright	밝은, 영리한	14	Lazy	게으른
3	Calm	차분한, 조용한	15	Light	가벼운
4	Colorful	화려한, 색채가 풍부한	16	Mean	비열한, 심술 궂은
5	Dark	어두운	17	Nice	친절한, 좋은, 멋진
6	Diligent	부지런한	18	Perfect	완벽한
7	Empty	빈, 없는	19	Polite	예의 바른, 공손한
8	Fancy	화려한, 근사한	20	Proud	자부심이 강한, 자랑스러운
9	Full	완전한, 가득한	21	Sweet	달콤한, 사랑스러운
10	Fuzzy	솜털 모양의, 흐릿한	22	Tight	꽉 끼는, 엄격한
11	Gorgeous	멋진, 화려한	23	Witty	재치 있는
12	Heavy	무거운	24	Wonderful	훌륭한, 놀라운

미순 쌤의
기초 영어 회화

A: Nice to meet you.

B: Nice to meet you, too.

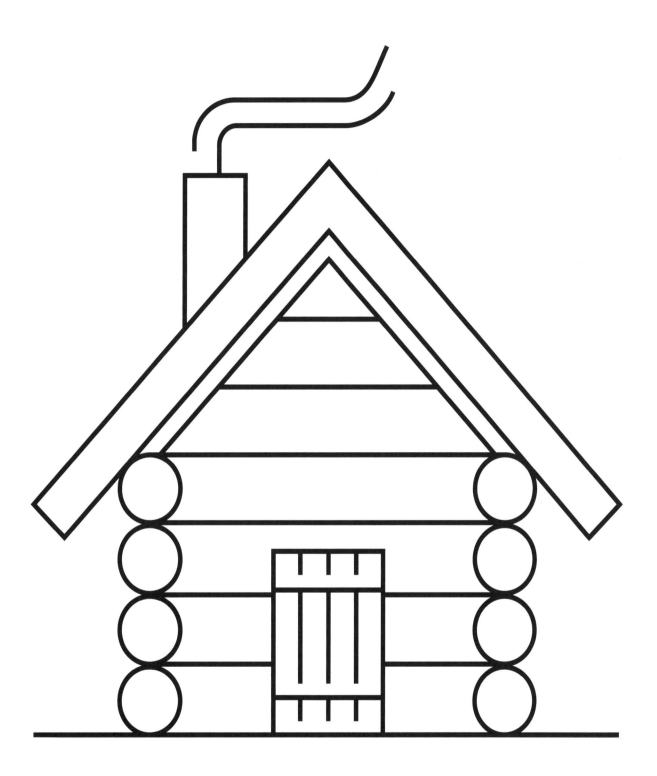

I & Universe

Phonics I(I는 여러 다른 발음이 난다.)

I [i]	**Ti̱bet**	**i̱nn**	i가 '이' 발음이 난다.
I [i]	**cli̱nic**	**ci̱ty**	i가 '이' 발음이 난다.
I [i]	**fri̱dge**	**si̱t**	i가 '이' 발음이 난다.
I [i]	**i̱nsert**	**rubbi̱sh**	i가 '이' 발음이 난다.
I [iː]	**poli̱ce**	**vi̱sa**	i가 '이~' 발음이 난다.
I [ə]	**peli̱can**	**edi̱tor**	i가 '어' 발음이 난다.
I [ə]	**uni̱versity**	**uni̱verse**	i가 '어' 발음이 난다.
I [əː]	**bi̱rd**	**shi̱rt**	i가 '어~' 발음이 난다.
I [ai]	**i̱bis**	**i̱vory**	i가 '아이' 발음이 난다.
I [ai]	**bi̱son**	**fi̱ber**	i가 '아이' 발음이 난다.
I [ai]	**pi̱neapple**	**wi̱de**	i가 '아이' 발음이 난다.
I [aiə]	**i̱ron**	**i̱rony**	i가 '아이어' 발음이 난다.

Universe

1	**Asteroid Belt**	소행성대		13	**Milky Way**	은하(수), 은하계
2	**Astrology**	점성술		14	**Neptune**	해왕성
3	**Astronaut**	우주 비행사		15	**Orbit**	궤 도
4	**Astronomy**	천문학		16	**Planet**	행 성
5	**Comet**	혜 성		17	**Pluto**	명왕성
6	**Cosmos**	우 주		18	**Satellite**	위성, 인공위성
7	**Earth**	지 구		19	**Saturn**	토 성
8	**Galaxy**	은 하		20	**Space**	우 주
9	**International Space Station**	국제 우주 정거장		21	**Space Shuttle**	우주 왕복선
10	**Jupiter**	목 성		22	**Universe**	우 주
11	**Mars**	화 성		23	**Uranus**	천왕성
12	**Mercury**	수 성		24	**Venus**	금 성

미순 쌤의
기초 영어 회화

A: Do you know what the eight planets are?

B: Yes. They are Mercury, Venus, Earth, Mars, Jupiter, Saturn, Uranus and Neptune.

J & Attractions (U.S.A.)

Phonics J(J는 '쥐' 발음이 난다.)

J [dʒ]	juicy	justice
J [dʒ]	joint	jumping
J [dʒ]	jealous	jobless
J [dʒ]	jail	junk
J [dʒ]	jeep	just
J [dʒ]	jar	join
J [dʒ]	junction	journal
J [dʒ]	joke	jazz
J [dʒ]	Beijing	inject
J [dʒ]	rejoice	subject
J [dʒ]	eject	hijack
J [dʒ]	major	reject

Attractions (U.S.A.)

1	Chicago River (Chicago, Illinois)	13	Pike Place Market (Washington)
2	French Quarter (New Orleans, Louisiana)	14	River Walk (San Antonio, Texas)
3	Gateway Arch (St. Louis, Missouri)	15	The Empire State Building (New York)
4	Golden Gate Bridge (San Francisco, California)	16	The Statue of Liberty (New York)
5	Grand Canyon (Arizona)	17	The Washington Monument (Washington, D.C.)
6	Great Smoky Mountains National Park (Tennessee)	18	The White House (Washington, D.C.)
7	Hollywood Sign (Los Angeles, California)	19	Times Square (New York)
8	Kennedy Space Center (Florida)	20	Waikiki (Hawaii)
9	Las Vegas Strip (Nevada)	21	Walt Disney World Resort (Florida)
10	Mount Rushmore (Keystone, South Dakota)	22	Yellowstone National Park (Wyoming)
11	Navy Pier (Chicago, Illinois)	23	Yosemite National Park (California)
12	Niagara Falls (New York)	24	Zion National Park (Utah)

미순 쌤의
기초 영어 회화

A: What is the most visited tourist attraction in America?

B: It's Grand Canyon.

K & Noun

Phonics K(K는 'ㅋ' 발음이 난다.)

K [k]	**ki̲ck**	**ki̲nd**
K [k]	**ke̲bab**	**ke̲ep**
K [k]	**boo̲kstore**	**ba̲ke̲ry**
K [k]	**Pa̲kistan**	**ski̲n**
K [k]	**pumpki̲n**	**sha̲ke̲**
K [k]	**panca̲ke̲**	**an̲kle**
K [k]	**wrin̲kle**	**cler̲k**
K [k]	**coo̲k**	**chal̲k**
K [k]	**tal̲k**	**as̲k**
K [k]	**see̲k**	**brea̲k**
K [k]	**dar̲k**	**chee̲k**
K [k]	**loo̲k**	**blac̲k**

Noun

1	Allowance	용돈	13	Hometown	고향
2	Audience	관객, 청중	14	Nap	낮잠
3	Braces	치열 교정기	15	Needle	바늘
4	Chat	잡담	16	Newspaper	신문
5	Chore	가사, 잡일	17	Option	선택권, 옵션
6	Countryside	시골	18	Path	길
7	Donation	기부	19	Peace	평화
8	Exercise	운동	20	Refund	환불
9	Freedom	자유	21	Stamina	체력, 지구력
10	Genius	천재	22	Thread	실
11	Gossip	소문	23	War	전쟁
12	History	역사	24	World	세계

미순 쌤의
기초 영어 회화

A: Where were you born?

B: I was born in Busan.

L & Useful Expression

Phonics L(L은 '르' 발음이 난다.)

L [l]	**laptop**	**liver**
L [l]	**lazy**	**lung**
L [l]	**limbo**	**little**
L [l]	**bless**	**fly**
L [l]	**plastic**	**glass**
L [l]	**clap**	**slap**
L [l]	**gloomy**	**staple**
L [l]	**Poland**	**palace**
L [l]	**Italy**	**Brazil**
L [l]	**family**	**uncle**
L [l]	**travel**	**cool**
L [l]	**April**	**final**

Useful Expression

1	**Do you mean it?** (너 진심이니?)		13	**Grow up!** (철 좀 들어라.)
2	**Can you do me a favor?** (부탁 좀 들어주시겠어요?)		14	**Good luck.** (행운을 빕니다.)
3	**Please**(제발 이라는 뜻, 부탁할 때 많이 사용)		15	**Watch out!** (위험해, 주의해요.)
4	**How come?** (왜요?)		16	**Be seated.** (앉으시죠.)
5	**Put your hands together.** (손뼉을 쳐라.)		17	**Forget it.** (잊어버리세요.)
6	**Here we go!** (자, 가자!)		18	**Never mind.** (신경 쓰지 마세요.)
7	**Wait a minute!** (잠시만 기다리세요.)		19	**No way.** (절대 안돼.)
8	**Excuse me.** (실례합니다.)		20	**Really?** (정말요?)
9	**Cheer up!** (기운 내요, 파이팅!)		21	**Sold out** (매 진)
10	**As soon as possible (=ASAP)** (가능한 한 빨리)		22	**Follow me.** (따라오세요.)
11	**Trick or Treat**(과자를 주지 않으면 장난을 칠거예요.)		23	**Help yourself.** (마음껏 드세요.)
12	**That's a good point.** (좋은 지적이야.)		24	**Just kidding.** (그냥 농담이에요.)

미순 쌤의
기초 영어 회화

A: Can I buy a concert ticket?

B: Sorry. All tickets are sold out.

M & Mystery

Phonics M(M은 'ㅁ' 발음이 난다.)

M [m]	**mimic**	**mother**
M [m]	**mineral**	**muscle**
M [m]	**moose**	**meet**
M [m]	**meal**	**move**
M [m]	**microwave**	**machine**
M [m]	**embassy**	**amber**
M [m]	**salmon**	**timid**
M [m]	**treadmill**	**animal**
M [m]	**jump**	**stomp**
M [m]	**charming**	**computer**
M [m]	**Vietnam**	**ham**
M [m]	**palm**	**cramp**

Mystery

1	Accuser	고소인, 원고	13	Poison	독, 독약
2	Alien	외계인	14	Poisoning	중독
3	Code	코드, 암호	15	Prison	감옥
4	Crime	범죄	16	Prisoner	포로, 죄수
5	Criminal	범인, 범죄자	17	Robbery	강도
6	Defendant	피고인	18	Spy	스파이, 간첩
7	Detective	탐정	19	Superstition	미신
8	Disappearance	실종, 사라짐	20	Suspect	용의자
9	Food poisoning	식중독	21	Theft	도둑질, 절도죄
10	Kidnapping	유괴	22	Thief	도둑
11	Maze	미로	23	Toxin	독소
12	Mystery	미스터리, 불가사의	24	Unidentified Flying Object	(UFO)미확인 비행 물체

미순 쌤의
기초 영어 회화

A: Do you like mystery novels?

B: Yes, I do.

N & Body

Phonics N(N은 'ㄴ' 발음이 난다.)

N [n]	**needle**	**nasty**
N [n]	**narrow**	**nutrition**
N [n]	**nap**	**nice**
N [n]	**center**	**bend**
N [n]	**cancel**	**fancy**
N [n]	**down**	**turn**
N [n]	**town**	**bacon**
N [n]	**carton**	**run**
N [n]	**plain**	**clean**
N [n]	**open**	**can**
N [n]	**baboon**	**pan**
N [n]	**gown**	**main**

Body

1	Ankle	발 목	13	Kidney	신장, 콩팥
2	Back	등	14	Lap	무릎 (앉았을 때 양 다리 위의 넙적한 부분)
3	Belly	배, 복부	15	Liver	간
4	Belly Button	배 꼽	16	Lung	폐
5	Bone	뼈	17	Muscle	근 육
6	Brain	뇌, 머리	18	Palm	손바닥
7	Calf	장딴지, 종아리	19	Skin	피 부
8	Chest	가 슴	20	Stomach	위장, 배
9	Eyebrow	눈 썹	21	Thigh	허벅지
10	Heart	심 장	22	Thumb	엄지손가락
11	Hip	엉덩이	23	Tooth	이, 치아
12	Intestine	장	24	Waist	허 리

미순 쌤의
기초 영어 회화

A: Brush your teeth.

B: Yes, mom.

O & Animals 2

Phonics O(O는 여러 다른 발음이 난다.)

O [ʌ]	l**o**ve	c**o**lor	o가 '어' 발음이 난다. (ə 발음보다 입을 조금 크게 벌린다.)
O [ʌ]	gl**o**ve	d**o**ve	o가 '어' 발음이 난다. (ə 발음보다 입을 조금 크게 벌린다.)
O [ɔ:]	**o**rchid	**o**strich	o가 '오~' 발음이 난다.
O [ɔ:]	p**o**rridge	p**o**rk	o가 '오~' 발음이 난다.
O [ɑ]	**o**melet	**o**tter	o가 '아' 발음이 난다.
O [ɑ]	t**o**p	r**o**ck	o가 '아' 발음이 난다.
O [ou]	h**o**pe	c**o**zy	o가 '오우' 발음이 난다.
O [ou]	micr**o**	flaming**o**	o가 '오우' 발음이 난다.
O [ə]	K**o**rea	c**o**mputer	o가 '어' 발음이 난다.
O [ə]	mirr**o**r	hist**o**ry	o가 '어' 발음이 난다.
O [u]	w**o**lf	d**o**	o가 '우' 발음이 난다.
O [u:]	m**o**ve	l**o**se	o가 '우~' 발음이 난다.

Animals 2

1	**Beaver**	비 버	13	**Humpback whale**	혹등고래
2	**Blue whale**	흰긴수염고래, 대왕고래, 청고래	14	**Killer whale**	범고래
3	**Boa**	보아뱀	15	**Lemur**	여우원숭이
4	**Chicken**	닭	16	**Llama**	라 마
5	**Chinchilla**	친칠라	17	**Mandarin duck**	원앙새
6	**Cobra**	코브라 뱀	18	**Mongoose**	몽구스
7	**Codfish**	대 구	19	**Pig**	돼 지
8	**Condor**	콘도르, 대머리수리	20	**Piranha**	피라냐
9	**Coyote**	코요테	21	**Python**	왕뱀, 비단뱀
10	**Gecko**	도마뱀붙이	22	**Stork**	황 새
11	**Guanaco**	과나코	23	**Viper**	독 사
12	**Hamster**	햄스터	24	**Wallaroo**	왈라루

미순 쌤의
기초 영어 회화

A: What is the biggest animal in the world?

B: It's the Antarctic blue whale.

P & Adjective 2

Phonics P(P는 'ㅍ' 발음이 난다.)

P [p]	**person**	**point**
P [p]	**preview**	**pink**
P [p]	**palm**	**public**
P [p]	**pudding**	**paper**
P [p]	**plastic**	**potato**
P [p]	**Poland**	**peace**
P [p]	**place**	**path**
P [p]	**picky**	**play**
P [p]	**carp**	**hip**
P [p]	**trip**	**nap**
P [p]	**sleep**	**deep**
P [p]	**laptop**	**gossip**

Adjective 2

1	**Attractive**	매력적인	13	**Large**	큰, 많은
2	**Bald**	대머리의	14	**Little**	작은, 약간의
3	**Brave**	용감한	15	**Narrow**	좁은
4	**Charming**	매력적인, 멋진	16	**Nasty**	불쾌한, 좋지 않은
5	**Cool**	멋진, 시원한	17	**Plain**	단순한, 평범한
6	**Deep**	깊은	18	**Powerful**	강력한
7	**Elegant**	우아한	19	**Right**	옳은
8	**Fat**	뚱뚱한	20	**Skinny**	마른, 날씬한
9	**Funny**	재미있는, 유쾌한	21	**Smooth**	부드러운
10	**Gentle**	부드러운, 다정한	22	**Timid**	소심한, 내성적인
11	**Great**	훌륭한	23	**Wide**	넓은, 다양한
12	**Huge**	큰, 거대한	24	**Wrong**	잘못된, 나쁜

미순 쌤의
기초 영어 회화

A: What is the opposite word of 'wide'?

B: I think that it's 'narrow'.

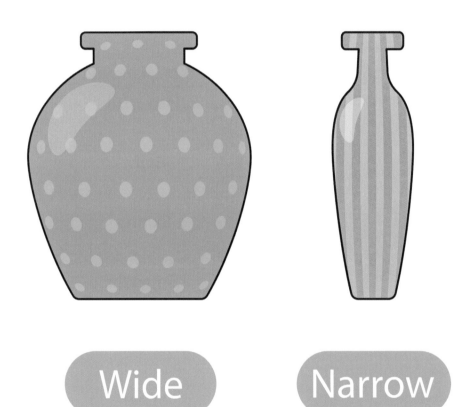

Wide   Narrow

Q & Science

Phonics Q(Q는 'ㅋ' 발음이 난다.)

Q [k]	quail	quickly
Q [k]	quest	quotation
Q [k]	quantum	quantity
Q [k]	quantify	quality
Q [k]	qualify	quiz
Q [k]	squat	squeeze
Q [k]	aqua	earthquake
Q [k]	conqueror	antique
Q [k]	equation	square
Q [k]	require	equator
Q [k]	banquet	mosque
Q [k]	request	Iraq

Science

1	Bacteria	세 균		13	Liquid	액 체
2	Cell	세 포		14	Lunar eclipse	월 식
3	Clone	복 제		15	Machine	기 계
4	Earthquake	지 진		16	Magnet	자 석
5	Electricity	전 기		17	Magnifying glass	돋보기
6	Electric shock	감 전		18	Mold	곰팡이
7	Experiment	실 험		19	Rocket	로 켓
8	Fossil	화 석		20	Solid	고 체
9	Gas	기 체		21	Thunder	천 둥
10	Germ	세 균		22	Typhoon	태 풍
11	Greenhouse	온 실		23	Virus	바이러스
12	Lightning	번 개		24	Volcano	화 산

미순 쌤의
기초 영어 회화

A: Do you know what a fossil is?

B: No, I don't. What is it?

R & Disease

Phonics R(R은 '르' 발음이 난다.)

R [r]	**r**efund	**r**ecycle
R [r]	**r**ubbish	**r**attlesnake
R [r]	**r**ooster	**r**ub
R [r]	c**r**awfish	k**r**ill
R [r]	b**r**eak	g**r**easy
R [r]	att**r**active	t**r**end
R [r]	cho**r**e	exe**r**cise
R [r]	sc**r**eam	ea**r**wig
R [r]	cou**r**t	da**r**k
R [r]	ambe**r**	cente**r**
R [r]	powe**r**	ai**r**
R [r]	printe**r**	wea**r**

Disease

1	Airsickness	비행기 멀미, 항공병		13	Diarrhea	설 사
2	Allergy	알레르기		14	Fatigue	피 로
3	Anemia	빈 혈		15	Fever	열
4	Backache	요 통		16	Flu	독감, 감기
5	Bronchitis	기관지염		17	Headache	두 통
6	Cancer	암		18	Heart Disease	심장병
7	Carsickness	차멀미		19	Nausea	메스꺼움, 구역질
8	Choke	질식, 사레		20	Osteoporosis	골다공증
9	Constipation	변 비		21	Pain	통 증
10	Cough	기 침		22	Stomachache	복통, 배탈
11	Cramp	경 련		23	Tumor	종 양
12	Depression	우울증		24	Vomit	구 토

미순 쌤의
기초 영어 회화

A: Are you OK?

B: No, I have a headache.

S & Christmas Songs

Phonics S(S는 'ㅅ, ㅈ, 쉬' 발음이 난다.)

S [ʃ]	**sure**	**insure**	s가 '쉬' 발음이 난다.
S [s]	**subway**	**song**	s가 'ㅅ' 발음이 난다.
S [s]	**silver**	**say**	s가 'ㅅ' 발음이 난다.
S [s]	**sick**	**sob**	s가 'ㅅ' 발음이 난다.
S [s]	**swing**	**slap**	s가 'ㅅ' 발음이 난다.
S [s]	**stomp**	**sit**	s가 'ㅅ' 발음이 난다.
S [s]	**taste**	**customs**	s가 'ㅅ' 발음이 난다.
S [s]	**gas**	**bus**	s가 'ㅅ' 발음이 난다.
S [z]	**excuse**	**busy**	s가 'ㅈ' 발음이 난다.
S [z]	**design**	**cheese**	s가 'ㅈ' 발음이 난다.
S [z]	**crimson**	**raise**	s가 'ㅈ' 발음이 난다.
S [z]	**please**	**news**	s가 'ㅈ' 발음이 난다.

Christmas Songs

White Christmas

I'm dreaming of a white Christmas
Just like the ones I used to know
Where the tree tops glisten and children listen
To hear sleigh bells in the snow
I'm dreaming of a white Christmas
With every Christmas card I write
May your days be merry and bright
And may all of your Christmas be white

Hark! The Herald Angels Sing

Hark! The Herald Angels Sing,
"Glory to the new born King;
Peace on earth and mercy mild,
God and sinners reconciled!"
Joyful, all ye nations, rise,
Join the triumph of the skies;
With th' angelic host proclaim,
"Christ is born in Bethlehem!"
Hark! The Herald Angels Sing,
"Glory to the new born King."

미순 쌤의
기초 영어 회화

A: What is your favorite Christmas song?

B: It's Jingle Bell.

T & Nutrition

Phonics T(T는 'ㅌ, 쉬, 취' 발음이 난다.)

T [ʃ]	**na<u>t</u>ion**	**sta<u>t</u>ion**	t가 '쉬' 발음이 난다.
T [ʃ]	**constipa<u>t</u>ion**	**posi<u>t</u>ion**	t가 '쉬' 발음이 난다.
T [ʃ]	**men<u>t</u>ion**	**emo<u>t</u>ion**	t가 '쉬' 발음이 난다.
T [tʃ]	**cap<u>t</u>ure**	**na<u>t</u>ure**	t가 '취' 발음이 난다.
T [tʃ]	**diges<u>t</u>ion**	**ques<u>t</u>ion**	t가 '취' 발음이 난다.
T [tʃ]	**furni<u>t</u>ure**	**mix<u>t</u>ure**	t가 '취' 발음이 난다.
T [t]	**<u>t</u>imid**	**<u>t</u>rout**	t가 'ㅌ' 발음이 난다.
T [t]	**<u>t</u>rash**	**<u>t</u>una**	t가 'ㅌ' 발음이 난다.
T [t]	**<u>t</u>rampoline**	**<u>t</u>ipsy**	t가 'ㅌ' 발음이 난다.
T [t]	**s<u>t</u>umble**	**de<u>t</u>ective**	t가 'ㅌ' 발음이 난다.
T [t]	**merchan<u>t</u>**	**shif<u>t</u>**	t가 'ㅌ' 발음이 난다.
T [t]	**pu<u>t</u>**	**sal<u>t</u>**	t가 'ㅌ' 발음이 난다.

Nutrition

#			#		
1	**Animal Food**	육식, 동물성 식품	13	**Meal**	식사, 한끼, 음식
2	**Carbohydrate**	탄수화물	14	**Mineral**	미네랄
3	**Chemical**	화학 물질	15	**Nourishment**	음식물, 영양
4	**Diet**	다이어트, 식단, 음식	16	**Nutrient**	영양소
5	**Dietary**	규정식, 특별식	17	**Nutrition**	영 양
6	**Dietary fiber**	식이 섬유(소)	18	**Protein**	단백질
7	**Digestion**	소 화	19	**Staple Food**	주 식
8	**Fat**	지 방	20	**Vegan**	절대 채식주의자
9	**Food**	음식, 식품	21	**Vegetable Food**	채 식
10	**Glucose**	포도당	22	**Vegetarian**	채식주의자
11	**Health**	건 강	23	**Vitamin**	비타민
12	**Immunity**	면 역	24	**Water**	물

미순 쌤의
기초 영어 회화

A: Are you a vegetarian?

B: No, I'm not.

U & Verb 2

Phonics U(U는 여러 다른 발음이 난다.)

U [uə]	**s<u>u</u>re**	**l<u>u</u>re**	u가 '우어' 발음이 난다.
U [juə]	**p<u>u</u>rity**	**c<u>u</u>riosity**	u가 '유어' 발음이 난다.
U [ə:]	**hamb<u>u</u>rger**	**t<u>u</u>rn**	u가 '어~' 발음이 난다.
U [ə:]	**t<u>u</u>rkey**	**p<u>u</u>rple**	u가 '어~' 발음이 난다.
U [ə]	**Sat<u>u</u>rn**	**b<u>u</u>rrito**	u가 '어' 발음이 난다.
U [ʌ]	**p<u>u</u>ddle**	**gr<u>u</u>mpy**	u가 '어' 발음이 난다. (ə 발음보다 입을 조금 크게 벌린다.)
U [ʌ]	**st<u>u</u>mble**	**m<u>u</u>scle**	u가 '어' 발음이 난다. (ə 발음보다 입을 조금 크게 벌린다.)
U [ju:]	**t<u>u</u>mor**	**c<u>u</u>be**	u가 '유~' 발음이 난다.
U [ju]	**Merc<u>u</u>ry**	**amb<u>u</u>lance**	u가 '유' 발음이 난다.
U [u:]	**J<u>u</u>piter**	**gl<u>u</u>cose**	u가 '우~' 발음이 난다.
U [u]	**p<u>u</u>dding**	**f<u>u</u>ll**	u가 '우' 발음이 난다.
U [i]	**b<u>u</u>siness**	**b<u>u</u>sy**	u가 '이' 발음이 난다.

Verb 2

1	**Boil**	끓이다, 삶다	13	**Sell**	팔 다
2	**Bring**	가져오다	14	**Show**	보여주다, 나타나다
3	**Buy**	사 다	15	**Sign**	계약하다, 서명하다
4	**Cancel**	취소하다	16	**Sleep**	자 다
5	**Choose**	선택하다	17	**Speak**	말하다, 이야기하다
6	**Cut**	자르다, 줄이다	18	**Squeeze**	짜내다, 꽉 쥐다
7	**Drive**	운전하다	19	**Take**	(시간)이 걸리다, 받다
8	**Erase**	지우다	20	**Teach**	가르치다
9	**Feel**	느끼다	21	**Tell**	말하다, 이야기하다
10	**Lose**	잃 다	22	**Wear**	입 다
11	**Meet**	만나다	23	**Wipe**	닦다, 없애다
12	**Read**	읽 다	24	**Yell**	소리지르다, 외치다

미순 쌤의
기초 영어 회화

A: Did you read 'Cinderella'?

B: Yes, I did.

V & Gyeongbokgung Palace & Joseon Dynasty

Phonics V(V는 '브' 발음이 난다.)

V [v]	**vegan**	**violet**
V [v]	**vacation**	**vitamin**
V [v]	**event**	**ivory**
V [v]	**move**	**wave**
V [v]	**love**	**stove**
V [v]	**festival**	**travel**
V [v]	**heavy**	**liver**
V [v]	**environment**	**preview**
V [v]	**television**	**government**
V [v]	**have**	**fever**
V [v]	**service**	**drive**
V [v]	**relative**	**glove**

Gyeongbokgung Palace

경복궁은 조선의 으뜸 궁궐

1. Geunjeongjeon Hall(근정전)
경복궁을 대표하는 상징적인 건물로, 국가의 공식 행사를 치르던 곳

2. Gyeonghoeru Pavilion(경회루)
왕이 신하들에게 큰 연회를 베풀거나 외국 사신을 접대하던 곳

3. Sajeongjeon Hall(사정전)
왕의 집무실인 편전으로, 공식적인 업무를 처리하던 곳

4. Gangnyeongjeon Hall(강녕전)
왕의 일상생활 공간인 침전으로, 독서와 휴식 등 일상생활뿐
아니라 신료들과 편안히 만나 국정을 의논하기도 한 곳

5. Gyotaejeon Hall(교태전)
왕비의 침전으로 궐 안의 살림살이를 총지휘하던 곳

6. Donggung(동궁)
차기 왕위 계승자인 세자의 활동 공간

7. Sojubang Kitchen(소주방)
조선시대 왕의 수라와 잔치음식을 준비하던 궁중 부엌

Joseon Dynasty

1	Taejo	태 조		15	Gwanghaegun	광해군
2	Jeongjong	정 종		16	Injo	인 조
3	Taejong	태 종		17	Hyojong	효 종
4	Sejong	세 종		18	Hyeonjong	현 종
5	Munjong	문 종		19	Sukjong	숙 종
6	Danjong	단 종		20	Gyeongjong	경 종
7	Sejo	세 조		21	Yeongjo	영 조
8	Yejong	예 종		22	Jeongjo	정 조
9	Seongjong	성 종		23	Sunjo	순 조
10	Yeonsangun	연산군		24	Heonjong	헌 종
11	Jungjong	중 종		25	Cheoljong	철 종
12	Injong	인 종		26	Gojong	고 종
13	Myeongjong	명 종		27	Sunjong	순 종
14	Seonjo	선 조				

미순 쌤의
기초 영어 회화

A: Do you know what the main royal palace of the
Joseon Dynasty is?

B: Yes, I do. It's Gyeongbokgung.

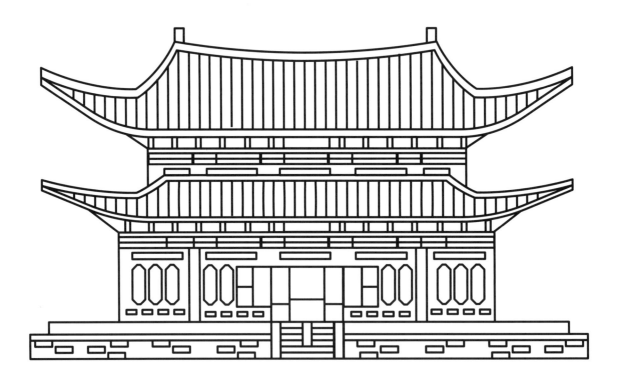

Chapter 23

W & Children's Games

Phonics W(W는 '우' 발음이 난다.)

W [w]	**w**asp	**w**ave
W [w]	**w**arn	**w**eep
W [w]	**w**ork	**w**ash
W [w]	**w**aist	**w**ar
W [w]	**w**ear	**w**orld
W [w]	**w**ipe	**w**izard
W [w]	**w**itty	**w**in
W [w]	**w**ine	**w**ide
W [w]	**w**all	**w**eird
W [w]	s**w**eet	s**w**ing
W [w]	ear**w**ig	micro**w**ave
W [w]	sand**w**ich	sub**w**ay

Children's Games

1. Hide-and-Seek(숨바꼭질)

숨바꼭질은 주로 아이들이 하는 놀이로써, 한 명의 아이가 술래가 되어, 다른 아이들이 숨으면 술래가 아이들을 찾아다니는 놀이이다. 여러 명이 참여하되, 적어도 3명이 참여하는 것이 이상적이다.

2. Duck, duck, goose(수건 돌리기)

수건 돌리기는 수건을 이용한 실내 또는 실외에서 즐기는 놀이이다. 미국에서는 수건을 이용하지 않고 한 명씩 머리를 만지면서 Duck이라고 하다가 Goose라고 불리는 사람이 술래가 되어야 한다.

3. Rock Paper Scissors(가위 바위 보)

가위 바위 보는 여러 사람이 "안 내면 진다 가위, 바위, 보!"를 외치며 동시에 각기 가위나 바위나 보를 내어 승부를 결정 짓는 게임이다. 가위는 바위에게 지며, 바위는 보에게 패하고, 보는 가위에게 진다. 같은 손 모양을 내면 비기는 것으로 한다.

4. Heads up, Seven up

선택된 각 참가자가 책상에 머리를 숙이고 엄지 손가락을 들고 있다가 누가 와서 엄지 손가락을 두드렸는지를 맞추는 게임입니다.

5. Hot Potato(폭탄 돌리기)

원을 그리고 둘러 앉은 다음에 공을 서로에게 주고 받으면서 "Hot potato, Hot potato, Hot, Hot, Hot."이라는 노래를 부릅니다. 노래가 끝난 시점에 공을 가지고 있는 사람은 패자가 되고 탈락합니다.

미순 쌤의
기초 영어 회화

A: Let's play 'Hide-and-Seek.'

B: OK.

X & Countries, Nationalities & Languages

Phonics X(X는 여러 다른 발음이 난다.)

X [eks]	**x-ray**	**x-ray fish**	x는 '엑스' 발음이 난다.
X [z]	**xylophone**	**xylophonist**	x는 'ㅈ' 발음이 난다.
X [z]	**xylitol**	**xystus**	x는 'ㅈ' 발음이 난다.
X [gz]	**exist**	**example**	x는 '그ㅈ' 발음이 난다.
X [gz]	**exotic**	**exhaust**	x는 '그ㅈ' 발음이 난다.
X [ks]	**toxic**	**excel**	x는 '크ㅅ' 발음이 난다.
X [ks]	**oxen**	**mixer**	x는 '크ㅅ' 발음이 난다.
X [ks]	**excellent**	**boxer**	x는 '크ㅅ' 발음이 난다.
X [ks]	**exodus**	**expert**	x는 '크ㅅ' 발음이 난다.
X [ks]	**excursion**	**maxim**	x는 '크ㅅ' 발음이 난다.
X [ks]	**expect**	**tax**	x는 '크ㅅ' 발음이 난다.
X [ks]	**experience**	**exhibition**	x는 '크ㅅ' 발음이 난다.

Countries, Nationalities & Languages

1	**Australia**	Australian	13	**Italy**	Italian
2	**Brazil**	Brazilian	14	**Japan**	Japanese
3	**Canada**	Canadian	15	**Mexico**	Mexican
4	**China**	Chinese	16	**Poland**	Polish
5	**Egypt**	Egyptian	17	**Portugal**	Portuguese
6	**England**	English	18	**Russia**	Russian
7	**France**	French	19	**South Korea**	Korean
8	**Germany**	German	20	**Spain**	Spanish
9	**Greece**	Greek	21	**The Philippines**	Filipino
10	**Hungary**	Hungarian	22	**The United Kingdom**	British
11	**India**	Indian	23	**The United States**	American
12	**Ireland**	Irish	24	**Vietnam**	Vietnamese

미순 쌤의
기초 영어 회화

A: Are you Japanese?

B: No, I'm not. I'm Korean.

105

Y & Adjective 3

Phonics Y(Y는 여러 다른 발음이 난다.)

Y [j]	**yo-yo**	**yacht**	y가 '이' 발음이 난다. (i보다 강하고 굵게 발음)
Y [j]	**yell**	**yam**	y가 '이' 발음이 난다. (i보다 강하고 굵게 발음)
Y [j]	**yummy**	**young**	y가 '이' 발음이 난다. (i보다 강하고 굵게 발음)
Y [j]	**yet**	**yellow**	y가 '이' 발음이 난다. (i보다 강하고 굵게 발음)
Y [i]	**syndrome**	**mystery**	y가 '이' 발음이 난다.
Y [i]	**hymn**	**gym**	y가 '이' 발음이 난다.
Y [i]	**duty**	**nasty**	y가 '이' 발음이 난다.
Y [i]	**nimbly**	**city**	y가 '이' 발음이 난다.
Y [i]	**embassy**	**belly**	y가 '이' 발음이 난다.
Y [ai]	**cycle**	**type**	y가 '아이' 발음이 난다.
Y [ai]	**enzyme**	**dynasty**	y가 '아이' 발음이 난다.
Y [ai]	**dry**	**cry**	y가 '아이' 발음이 난다.

Adjective 3

1	Breezy	산들바람이 부는	13	Lucky	행운인
2	Catchy	귀에 쏙 박히는	14	Picky	까다로운
3	Comfy	편안한	15	Pricey	가격이 높은
4	Cozy	안락한	16	Salty	짠
5	Dizzy	어지러운	17	Smelly	냄새 나는
6	Fancy	고급스러운	18	Sticky	끈끈한
7	Fatty	살찌는	19	Tipsy	알딸딸한
8	Gloomy	우울한	20	Touching	감동적인
9	Greasy	느끼한, 기름기 많은	21	Trendy	유행을 타는
10	Healthy	건강한	22	Tricky	어려운
11	Itchy	가려운	23	Unhealthy	건강에 좋지 않은
12	Juicy	즙이 많은	24	Yummy	맛있는

미순 쌤의
기초 영어 회화

A: The story is so touching. How about you?

B: I agree.

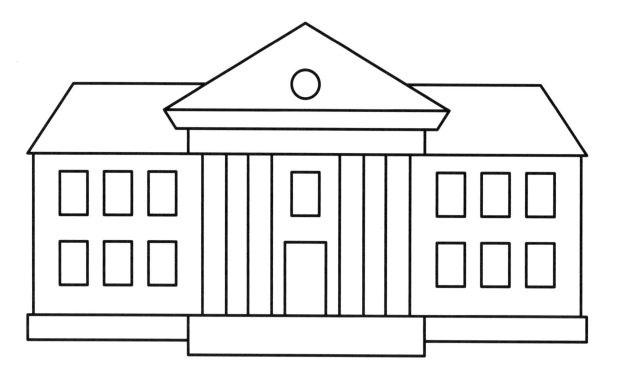

Z & Recycling

Phonics Z(Z는 'ㅈ' 발음이 난다.)

Z [z]	**zone**	**zoom**
Z [z]	**zip**	**zeal**
Z [z]	**zero**	**zebra**
Z [z]	**amazed**	**breeze**
Z [z]	**freeze**	**frozen**
Z [z]	**gazelle**	**lazy**
Z [z]	**maze**	**sizable**
Z [z]	**wizard**	**razor**
Z [z]	**sneeze**	**lazybones**
Z [z]	**Brazil**	**bronze**
Z [z]	**cozy**	**freezer**
Z [z]	**crazy**	**quiz**

Recycling

1	**Battery**	전지, 배터리	13	**Recycle**	재활용하다
2	**Can**	캔, 통조림	14	**Recycle bin**	휴지통
3	**Carton**	상자, 판지 상자	15	**Recycling**	재활용
4	**Collect**	모으다	16	**Recycling bag**	재활용 가방
5	**Eco-friendly**	친환경적인	17	**Reduce**	줄이다
6	**Environment**	환 경	18	**Reuse**	다시 사용하다
7	**Food Waste**	음식물 쓰레기	19	**Rubbish**	쓰레기
8	**Garbage**	쓰레기	20	**Scrap Paper**	폐지, 파지
9	**Glass**	유 리	21	**Throw out**	버리다
10	**Leftover**	나머지, 찌꺼기	22	**Trash**	쓰레기
11	**Paper**	종 이	23	**Trash Can**	쓰레기통
12	**Plastic**	플라스틱, 비닐의	24	**Waste**	쓰레기, 낭비하다

미순 쌤의
기초 영어 회화

A: How can we reduce waste?

B: We can recycle paper, plastic and cans.

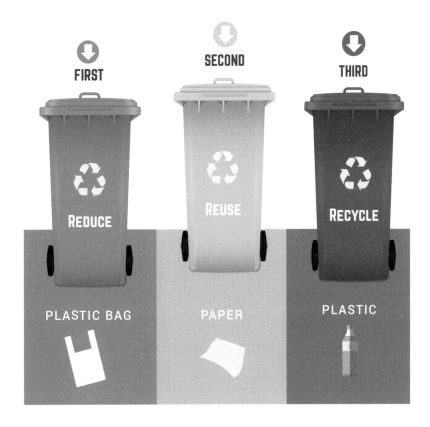

English songs

London bridge is falling down

London bridge is falling down,
falling down, falling down
London bridge is falling down, My fair lady

Build it up with iron bars,
iron bars, iron bars
Build it up with iron bars, My fair lady

Iron bars will bend and break,
bend and break, bend and break,
Iron bars will bend and break, My fair lady

Build it up with needles and pins,
needles and pins, needles and pins,
Build it up with needles and pins, My fair lady

Pins and needles rust and bend,
rust and bend, rust and bend,
Pins and needles rust and bend, My fair lady

Rainbow Song

Red and yellow and pink and green
Purple and orange and blue
I can sing a rainbow,
sing a rainbow, sing a rainbow, too.

Humpty Dumpty

Humpty Dumpty sat on a wall,
Humpty Dumpty had a great fall.
All the king's horses and all the king's men,
Couldn't put Humpty together again.

One little finger

One little finger, one little finger,
One little finger Tap tap tap
Point your finger up Point your finger down
Put it on your head head

One little finger, one little finger,
One little finger Tap tap tap
Point your finger up Point your finger down
Put it on your nose nose

One little finger, one little finger,
One little finger Tap tap tap
Point your finger up Point your finger down
Put it on your chin chin

One little finger, one little finger,
One little finger Tap tap tap
Point your finger up Point your finger down
Put it on your arm arm

There were five in the bed

There were five in the bed and the little one said,
"Roll over, roll over."
So they all rolled over and one fell out. Four!

There were four in the bed and the little one said,
"Roll over, roll over."
So they all rolled over and one fell out. Three!

There were three in the bed and the little one said,
"Roll over, roll over."
So they all rolled over and one fell out. Two!

There were two in the bed and the little one said,
"Roll over, roll over."
So they all rolled over and one fell out. One!

There was one in the bed and the little one said,
"I'm lonely."

Animal Quiz

What is this?

1	다리가 6개이고 자기 몸무게의 20배까지 들어올릴 수 있는 매우 작은 곤충은 무엇일까요?	Ant
2	날 수 있는 유일한 포유동물로써 열매나 꽃가루, 꿀 등을 먹고 낮에는 자고 밤에 먹이를 잡는 동물은 무엇일까요?	Bat
3	애완용으로 기르며 쥐를 잡는 실용적인 포유동물이며 시각과 후각이 발달되어 있고 수명은 약 20년 정도인 동물은 무엇일까요?	Cat
4	야생동물 가운데 가장 오래된 가축으로써 성질이 온순하고 영리하며 사람에게 충실하고 의리가 있는 동물은 무엇일까요?	Dog
5	초식동물로써 회색 또는 갈색이고 높은 지능을 가진 동물로써 코가 긴 동물이라는 뜻을 가진 동물은 무엇일까요?	Elephant
6	수중 생활을 하고 지느러미가 있으며 아가미로 호흡하는 척추동물은 무엇일까요?	Fish
7	야생 기러기를 길들여 집에서 기르게 된 오리과의 물새로써 주인을 잘 따르고 집을 잘 지키며 날지는 못하는 동물은 무엇일까요?	Goose
8	세계 대부분의 대륙에서 서식하는 포유동물로써 몸의 등과 옆이 가시로 덮여 있으며 주로 밤에 활동하며 벌레나 뱀, 개구리, 식물을 먹이로 하는 동물은 무엇일까요?	Hedgehog
9	꼬리를 포함해서 1.5-1.8m 정도의 크기이며 도마뱀류로써 멕시코에서 브라질까지 흔히 분포하는 동물은 무엇일까요?	Iguana
10	아메리카 대륙에서 사는 야생 고양이과 척추 동물로써 몸의 빛깔은 일반적으로 노란색이고 배 부분은 흰 색이며 덩치가 크고 힘이 센 동물은 무엇일까요?	Jaguar

★★★
부록

11	호주에 서식하는 초식성 동물로써 꼬리가 거의 없고 코가 크며 주로 앉아서 하루에 20시간까지 잠을 자는 동물로써 '물을 먹지 않는다.'라는 의미를 가진 순하고 느린 동물은 무엇일까요?	Koala
12	6,000종이 넘는 파충류의 일종이고 대부분이 열대 지역에 다양하게 분포되어 있으며 냉혈 동물이고 곤충이나 설치류를 주로 먹으며 꼬리를 자르고 도망가지만 다시 꼬리가 나는 특징을 가진 동물은 무엇일까요?	Lizard
13	작은 설치류의 일종으로써 잡식성이고 인간과 가까이서 생활하며 회색 또는 갈색 털을 가진 동물은 무엇일까요?	Mouse
14	밤색이며 몸 길이는 약 16cm정도이고 꼬리는 적갈색이며 다양한 울음 소리를 내며 관목가지에 앉아서 밤낮으로 우는 동물은 무엇일까요?	Nightingale
15	족제비과에 속하는 포유동물로써 전세계에 분포하며 잡식성이고 유연한 몸과 긴 목, 작은 귀와 짧은 다리를 가지고 있는 동물은 무엇일까요?	Otter
16	북극에 서식하는 곰으로써 평소에 조용하지만 다양한 소리를 통해 의사 소통할 수 있고 동면하지 않으며 기후 변화를 상징하는 멸종위기 동물은 무엇일까요?	Polar bear
17	닭목 꿩과에 속하는 한국의 대표적인 사냥새로써 동아시아에 분포하며 겨울 철새로 조류 중에서 유일하게 이동하는 새로써 몸 길이가 약 20cm정도인 동물은 무엇일까요?	Quail

★★★
부록

18	귀가 길고 꼬리가 짧으며 뒷다리가 길어 깡총깡총 뛰는 특징이 있는 초식성 동물은 무엇일까요?	Rabbit
19	소과에 속하며 서아시아에서 가축화되기 시작되어 현재는 1,000여종에 이르며 무리를 지어 살며 높은 곳에 오르기를 좋아하는 동물은 무엇일까요?	Sheep
20	파충류의 일종으로써 이빨이 없으며 보통 느리게 움직이고 비공격적인데 세계 곳곳에서 볼 수 있으며 대부분이 적도 부근에 사는 동물은 무엇일까요?	Turtle
21	붉은 빛이 도는 밝은 갈색 털을 가지고 있고 수컷의 뿔은 최대 100cm까지 자라며 카자흐스탄과 이란, 파키스탄, 중국과 인도 등에 서식하는 포유동물인 이 동물은 무엇일까요?	Urial
22	죽은 동물을 주로 먹으며 벗겨진 머리를 가지고 있는 하늘의 왕자로써 우리나라에서는 천연 기념물인 이 동물은 무엇일까요?	Vulture
23	전 세계의 해양에 사는 포유동물로써 후각은 좋지 않으나 청각이 발달되어 있고 여러 종류의 소리로 의사 전달을 하는 이 동물은 무엇일까요?	Whale
24	크기는 5cm이하로 작고 집단 생활을 하고 작은 곤충이나 플랑크톤을 먹으며 수컷이 암컷보다 더 작은 동물은 무엇일까요?	X-ray fish
25	소과에 속한 포유 동물로써 주로 티베트 고원에 서식하며 털은 검고 짧으며 풀을 먹고 물도 많이 섭취하는 동물은 무엇일까요?	Yak
26	말과에 속하며 몸 표면에 줄무늬가 있는 포유동물로써 아프리카에 주로 살고 작은 가족 단위로 생활하는 동물은 무엇일까요?	Zebra

Colors

1	Amber	호박색, 황색	13	Indigo	남 색
2	Aqua	연한 녹청색	14	Ivory	상아색, 아이보리
3	Beige	베이지색	15	Khaki	카키색, 황갈색
4	Black	검은색	16	Lavender	연보라, 라벤더색
5	Blue	파란색	17	Orange	주황색
6	Bronze	청동색	18	Pink	분홍색
7	Brown	갈 색	19	Purple	보라색, 자주색
8	Crimson	진홍색, 자주색	20	Red	빨간색
9	Cyan	청록색	21	Silver	은 색
10	Gold	금 색	22	Violet	보라색, 제비꽃색
11	Gray	회 색	23	White	흰 색
12	Green	초록색, 녹색	24	Yellow	노란색

Fairy tale

1	Aladdin and the Magic Lamp	알라딘과 요술 램프
2	Ali Baba and the Forty Thieves	알리바바와 40인의 도둑
3	Beauty and the Beast	미녀와 야수
4	Cinderella	신데렐라
5	Goldilocks and the Three Bears	골디락과 곰 세 마리
6	Hansel and Gretel	헨젤과 그레텔
7	Jack and the Beanstalk	잭과 콩나무
8	Little Red Riding Hood	빨간 두건
9	Peter Pan	피터팬
10	Puss in Boots	장화 신은 고양이
11	Rapunzel	라푼젤
12	Snow White and the Seven Dwarfs	백설공주와 일곱 난장이
13	The Elves and the Shoemaker	요정과 구두장이
14	The Emperor's New Clothes	벌거숭이 임금님
15	The Fisherman and His Wife	어부와 아내
16	The Frog Prince	개구리 왕자
17	The Golden Goose	황금 거위
18	The Little Match Girl	성냥팔이 소녀
19	The Little Mermaid	인어공주
20	The Nutcracker	호두까기
21	The Sleeping Beauty in the Wood	잠자는 숲 속의 공주
22	The Three Little Pigs	아기 돼지 삼형제
23	The Ugly Duckling	미운 아기 오리
24	Thumbelina	엄지 공주

America's Culture

1. "Bless you(재채기했을 때 옆 사람이 하는 말)!"

미국에서는 옆에 있는 사람이 재채기를 하면 "Bless you!"라고 가볍게 말해 주는 것이 그들의 에티켓입니다. 그 유래는 흑사병이 전 유럽에 유행할 때, 수많은 사람들이 재채기를 하기 시작했는데 많은 사람이 흑사병으로 죽었고 재채기는 곧 죽음을 예고하는 신호라고 생각을 하게 되었습니다. 당시 교황은 누군가 재채기만 해도 "God bless you."라고 그를 위해 진심으로 기도해 주라고 했는데 그것이 지금의 "Bless you!"의 유래입니다.

2. "Trick or Treat(과자를 주지 않으면 장난을 칠 거예요)."

미국에서 10월 31일은 할로윈(Halloween)으로 각양각색 유령이나 괴물, 마녀, 요정, 캐릭터로 분장한 아이들이 마을의 집집이 돌아다니며 사탕이나 초콜릿을 얻으러 다닙니다. 아이들이 집집이 현관을 두드리면서 "Trick or treat."을 외치면 어른들이 미리 준비한 캔디, 초콜릿 등을 줍니다. 여기에서 Trick은 장난치다는 뜻이고 Treat은 대접하다는 뜻입니다. 다시 말해서 '장난칠까요? 아니면 맛있는 것 주실래요?'라는 뜻입니다.